1 MONTH OF FREE READING

at

www.ForgottenBooks.com

By purchasing this book you are eligible for one month membership to ForgottenBooks.com, giving you unlimited access to our entire collection of over 1,000,000 titles via our web site and mobile apps.

To claim your free month visit: www.forgottenbooks.com/free421097

ISBN 978-0-666-27748-0
PIBN 10421097

SERAFÍN Y JOAQUÍN
ÁLVAREZ QUINTERO

LA NIÑA DE JUANA

EL DESCUBRIMIENTO DE AMÉRICA

ENTREMÉS

5
MADRID
1919

LA NIÑA DE JUANA

o

EL DESCUBRIMIENTO DE AMÉRICA

SERAFÍN Y JOAQUÍN
ÁLVAREZ QUINTERO

LA NIÑA DE JUANA

O

EL DESCUBRIMIENTO DE AMERICA

ENTREMÉS

Estrenado en el teatro de Cervantes, de Sevilla,
el 5 de octubre de 1918

MADRID
1919

MADRID —Imp. Clásica Española. Glorieta de Chamberí.—Teléf. J. 430

A JOSÉ LAGUILLO

ESPÍRITU GENEROSO Y ENTUSIASTA

SERAFÍN Y JOAQUÍN

REPARTO

PERSONAJES	ACTORES
LA NIÑA DE JUANA...............	María Palou.
JUANA...........................	Leocadia Alba.
HERRERITA......................	Luis Manrique.

Rafael M. Acebal (firma)

LA NIÑA DE JUANA

Habitación modesta en una casa de partidos, en Sevilla. Puerta al foro y otra a la izquierda del actor. Es por la mañana.

Sale Herrerita por la puerta del foro. Es un mozo del pueblo, cajista de imprenta, audaz y decidido.

HERRERITA. Buenos días. Nadie aquí tampoco. La casa misteriosa: no suena er timbre, er portón está abierto y no hay arma viviente. *Alzando la voz.* ¡Buenos días! Na; no contestan. Tocaremos las parmas. *Las toca.*

La Niña de Juana habla desde dentro.

NIÑA. ¿Quién es?

HERRERITA. ¡Gente de paz!

NIÑA. ¡Espere usté un istante! Pero ¿usté por dónde ha entrao?

HERRERITA. ¡Por er portón!

NIÑA. ¿Y quién le ha abierto a usté?

HERRERITA. ¡Estaba abierto!

NIÑA. ¡Vaya!

HERRERITA. Paese voz de mosita. Será arguna hija de Pisarro.

Pausa. Por la puerta de la izquierda aparece la Niña de Juana, muy peripuesta de mantón y flores, por lo que luego se dirá.

NIÑA. Buenos días.

HERRERITA. ¡Canela! Buenos días.

NIÑA. ¿Usté quién es? ¿Qué se le ofrese a usté?

Herrerita, embobado mirándola, no le responde. ¿Se ha quedao usté mudo?

HERRERITA.   Le diré a usté: me farta la respirasión.

NIÑA.   ¿Toavía de la escalera? Pos no son tantos escalones.

HERRERITA.   ¿No, verdá? ¡Pos yo no he subío nunca más arriba!

NIÑA.   ¡Vaya! *Poniéndose seria.* Usté dirá lo que se le ocurre.

HERRERITA.   ¿Lo que se me ocurre? To lo que se me ocurre no me atrevo a desírselo a usté.

NIÑA.   ¡Lo que se le ofrese, señó; que habla usté demasiao!

HERRERITA.   De eso tiene la curpa mi ofisio, ¿sabe usté? Yo soy cajista de la imprenta de *Er Liberá;* me paso to er día componiendo palabras en silensio, y no parese sino que me las trago, porque luego, cuando prinsipio a hablá, tengo tantas palabras en er cuerpo, que no me caya nadie.

NIÑA.   Na de ese cuento me interesa a mí. ¿Usté qué es lo que quiere?

HERRERITA.   To, menos que usté se incomode conmigo. ¿Don José Pisarro vive aquí?

NIÑA.   No, señó, que vive aquí junto.

HERRERITA.   ¿Aquí junto?

NIÑA.   En er portón de ar lao.

HERRERITA.   ¡Lo que siento yo que no viva aquí!

NIÑA.   Pos ya le he dicho a usté donde vive.

HERRERITA.   Sí; aquí junto. ¿Usté sabe si estará ahora en su casa?

NIÑA.   Lo que sé es que se va usté poniendo bastante pesaíto.

HERRERITA.   No me lo diga usté. Y usté me dispense. Pero hágase usté cargo. ¿Usté no viene de mirarse al espejo? ¡Pos entonses...! ¿No es naturá que yo no quiera irme?

Niña. *Sonriendo, a pesar suyo.* ¡Vaya!

Herrerita. Yo yegué aquí en busca de don José Pisarro, pa darle una rasón de parte e mi regente, y bendigo la hora en que me equivoqué de portón. Si en er camino me hubiera encontrao una mariposita blanca, tomo esta equivocasión a buen agüero. Lo que no me parese bien, con permiso de usté, es que en esta casa se quede ni un minuto la puerta abierta.

Niña. Se ve, se ve que tiene usté muchas palabras en er cuerpo.

Herrerita. ¿Y rasón, no tengo en lo que digo? Porque lo mismo que he entrao yo por casualidá, entra un mal ange...

Niña. ¿Más mal ange?

Herrerita. ¿Tengo yo mal ange?

Niña. Ahora la der mal ange ha sío mi mamá, que se ha yegao por un coche ahí a la plasa, y no ha serrao er portón ar salí.

Herrerita. ¿Y a eso le yama usté mal ange? ¡Pos no ha tenio poca grasia la señora! ¿Conque por un coche? ¿Van ustés de fiesta, o es que se va usté a retratá?

Niña. Eso que usté ha dicho.

Herrerita. Yo he dicho dos cosas.

Niña. Pos es la der retrato.

Herrerita. ¿Se va usté a retratá? ¡Pa retratarse está usté, hija mía!

Niña. ¡Y dale!

Herrerita. Me vi a meté a fotógrafo.

Niña. ¿Usté? Le da a usté por los ofisios cayaos.

Herrerita. Sí; pero de fotógrafo, a lo menos, si la retrato a usté, podré desirle: «Quietesita; la cabesa más baja; míreme usté a mí; sonríase usté ahora...»

Niña. *Volviendo a sonreírse.* ¿Y una sonrisa tan forsá, qué vale?

HERRERITA.   Yo me entiendo.

NIÑA.   Pos yo, a los fotógrafos, en cuantito se vuerven de espardas, les saco la lengua. *Lo hace.*

HERRERITA.   ¡Ay, qué grasiosa! ¿Y es un caprichito der novio quisás er retrato este?

NIÑA.   ¿A usté qué le importa? ¿Se quié usté ya í a vé ar vesino?

HERRERITA.   Es verdá, que tengo que í a vé ar ve-sino. Se me había orvidao. Muchas grasias por er recordatorio.

NIÑA.   No las merese.

HERRERITA.   Oiga usté, y ya que estoy aquí, y que estoy tan a gusto, ¿no le podríamos dá ar vesino unos gorpesitos por er tabique pa que ér viniera? Yo creo que hasta me lo agradesería.

NIÑA.   No nos tratamos nosotras con ese señó.

HERRERITA.   Pos con la vesindá conviene tratarse, porque a lo mejó una noche se pone uno malo...

NIÑA.   *En ademán de irse.* ¡Vaya! ¡Que usté lo pase bien!

HERRERITA.   Por su salú de usté, no se vaya de esa manera. Soy yo er que se va.

NIÑA.   Ea, pos andando.

HERRERITA.   En cuantito usté me perdone la mo-lestia.

NIÑA.   No hay de qué.

HERRERITA.   Otra vez las grasias. Y ahora, una súplica antes de irme der to. Si es menesté, me hinco.

NIÑA.   No hase farta; eso déjelo usté pa la iglesia.

HERRERITA.   ¿Es usté la Niña de Juana, como le disen; de Juana la bordadora?

NIÑA.   Sí, señó.

HERRERITA.   Por muchos años.

NIÑA.   ¿Quién se lo ha dicho a usté?

HERRERITA.   Usté, ahora mismo.

NIÑA.   ¡Qué grasia!

HERRERITA.   ¿Le ha hecho a usté grasia? ¡Vamos!

NIÑA.   Sí, señó; eso me ha hecho grasia. No lo niego. Porque ha sío una pregunta muy tonta la mía: «¿Quién se lo ha dicho a usté?» Cuando yo acababa de desírselo.

HERRERITA.   Pos en la misma puerta e la caye, una mujé bizca, con er pelo aniyao...

NIÑA.   Sí; Antonia la Sarmuera.

HERRERITA.   No la conozco. Me preguntó: «¿Va usté a vé a la Niña de Juana?» Le contesté que sí, y me dijo: «¡Pos vaya usté con Dios!»

NIÑA.   Sí; me quiere mucho. Aqui ha estao hase un rato echándome flores.

HERRERITA.   Conque yo, al oírla, tomé detayes. Paresía que me lo daba er corasón. «¿Por qué me lo pregunta usté?»—le dije.—Y va y me responde: «Porque hoy se ha puesto que da gloria verla.» Y no me ha engañao.

NIÑA.   Va a vení mi madre... y va a reñirme.

HERRERITA.   Por mi causa, no. Punto finá. ¿La Niña de Juana tendrá, naturarmente, un nombre propio?

NIÑA.   ¡Claro! ¡En la pila no me iban a poné la Niña de Juana!

HERRERITA.   A vé si lo asierto antes de que vuerva su mamá de usté con er coche.

NIÑA.   No se haga usté ilusiones en eso: ni en dos horas lo asierta usté.

HERRERITA.   ¿Es tan raro?

NIÑA.   Sí, señó, que es rariyo.

HERRERITA.   Vamos a probá.

NIÑA.   ¡Lo que tiene usté es una sangre más gorda!

HERRERITA.   A gusto que estoy. ¿A que asierto er nombre de usté?

NIÑA.   ¿A que no?

HERRERITA.   ¿Me ha dicho usté que es raro, verdá?

NIÑA.   Rariyo.

HERRERITA.   Pero será bonito, desde luego.

NIÑA.   A mí me gusta.

HERRERITA.   ¿Cleopatra?

NIÑA.   ¡Jesús!

HERRERITA.   ¿Dursinea?

NIÑA.   ¡Jesús!

HERRERITA.   ¿Eloísa?

NIÑA.   No se canse usté. Si hubiéramos apostao, pierde usté er dinero. Me yamo América.

HERRERITA.   ¿América?

NIÑA.   América Marín: servidora.

HERRERITA.   ¡América!... ¡Sí que es bonito er nombre!... ¡América!... ¡Se tenia usté que yamá argo por el estilo! ¡Y várgame Dios, qué temblique me ha entrao!

NIÑA.   ¿Temblique? ¿Por qué?

HERRERITA.   ¡Qué sé yo! ¡Una cosa particulá!... ¡Porque entre er nombre de usté y er mío hay un no sé qué que viene a juntarlos!...

NIÑA.   ¿Ah, sí? ¿Se yama usté Colón?

HERRERITA.   Un pelo me farta.

NIÑA.   ¿Cómo es eso?

HERRERITA.   Me yamo Cristoba.

NIÑA.   ¡Qué casualidá!

HERRERITA.   Cristóbal Herrera, pa servir a usté. En la imprenta me disen Herrerita. Y tenga usté entendío que mi tocayo Cristóbar Colón, la mañana der 12 de ortubre de 1492—ya ve usté si estoy enterao,—no sintió de seguro una alegría tan grande ar descubri su América como yo esta mañana, tambíén de ortubre, ar descubrí la mía.

NIÑA.   ¿Cómo la suya?

HERRERITA.   Y la diferensia no es más que ésta—de argo me ha de serví la istrursión que tengo:—aque-ya mañana, un trianero que iba con mi tocayo, ar divisá la costa primero que ninguno, dió un sarto y

gritó: «¡Tierra!» Y yo esta mañana, ar descubrirla a
usté, he dao por dentro veintisinco sartos y he gri-
tao: «¡Sielo!» ¡Miste si hay distansia de aquer descubrimiento ar mío! ¡La distansia que hay de la tierra
ar sielo na más!

Niña. ¡Pero parese que se ha vuerto usté loco!

Herrerita. To er que se enamora lo parese.

Niña. ¿Qué está usté disiendo?

Herrerita. Las cosas por su nombre. Como usté
por er suyo y yo por er mío. Una América pa un
Cristoba. Vamos a vé: ¿a qué hora sale usté a la
caye?...

Niña. Yo no sargo nunca a la caye.

Herrerita. ¿Ah, no?

Niña. ¿Qué se me ha perdio a mí en la caye?

Herrerita. Pos esta mañana va usté a salí.

Niña. A lo der retrato. Y le arvierto a usté que
lo menos yevamos un año pensándolo mi madre
y yo.

Herrerita. ¿Pa quién va a sé er retrato, si pué sa-
berse?

Niña. Pa nosotras. Y pa mi abuela, que vive en
er Puerto, y quiere verme como estoy.

Herrerita. ¿Y usté no va ar Puerto?

Niña. ¿Y a mí qué se me ha perdio en er Puerto?

Herrerita. Pero ¿usté no sale si no es pa buscá
argo que se le haya perdio?

Niña. Cabalito.

Herrerita. Vamos, que es usté de esas seviyanas
que no se pasean por las cayes más que er día der
Corpus.

Niña. Sí, señó.

Herrerita. Como la custodia.

Niña. Y er Viernes Santo.

Herrerita. Como la Soledá. ¡Así hase farta ya-
marse Cristoba pa descubrirla a usté!

Dentro se oye a Juana, de improviso.

JUANA.   ¡Niña! ¡Niña!

NIÑA.   ¡Mi madre!

HERRERITA.   ¡Atahuarpa!

NIÑA.   ¿Qué?

HERRERITA.   ¡Atahuarpa! Er nombre de un caudi-
yo indio que les dió mucha guerra a los españoles, y
que se me ha venío a la memoria yo no sé por qué.

*Y llega Juana por la puerta del foro, muy empere-
jilada también y con el genio muy revuelto.*

JUANA.   Ya está ahí er coche, niña. *Viendo al muchacho.* ¿Eh?

HERRERITA.   Buenos días, señora.

JUANA.   Buenos dias.

NIÑA.   Este señó, que vino equivocao, tocó er
timbre... y como no suena...

JUANA.   No suena, no; no suena. Er timbre no suena. ¡Ni va a soná en muchisimo tiempo! Si es usté
amigo del amo de la casa, dígaselo usté.

HERRERITA.   No, señora; no soy su amigo.

JUANA.   ¡Pos se ha empeñao en que yo pague la
compostura der timbre, y no me da la gana de pagarla! ¡Que la pague é, que pa eso cobra bien los ar-
quileres!

HERRERITA.   ¡Naturá, señora!

JUANA.   ¡Y si no, que la pague el obispo! ¡Yo no
la pago!

HERRERITA.   El obispo no querrá pagarla tampoco.

JUANA.   ¡Pos yo, primero que pagarla, me mudo!
¿Y usté qué traia?

NIÑA.   Venía procurando por don José Pisarro...

JUANA.   ¿Er vesino de junto?

HERRERITA.   Sí, señora.

JUANA.   ¿Lo va usté a vé?

HERRERITA.   Ahora mismo.

JUANA.   ¡Hombre! Me va usté a hasé un favó.

Herrerita. Con muchísimo gusto, señora.

Juana. Le va usté a desi de mi parte — porque yo no lo trato, ni ganas — que si no quiere buscarse conmigo un dijusto gordo, no me tire más coliyas delante e mi portón.

Niña. Mamá, ¿er señó cómo va a desirle...?

Herrerita. A mí no me cuesta ningún trabajo. Y hasta le recomendaré que fume en pipa.

Juana. Se agradese. Y le va usté a añadí que tenga er pundonó de poné visiyos en los cristales, que cuestan baratos; porque er primer día que vuerva yo a vé en camisa a su señora, me asomo ar barcón y suben dos munisipales por eya.

Herrerita. Se lo diré con las mismas palabras.

Niña. Pero ¿qué bicho te ha picao en la caye, mamá?

Juana. ¿Tú sabes la que he tenío con er cochero?

Herrerita. *Rascándose la cabeza.* ¿También con er cochero?

Juana. ¡Como que los hay muy granujas, señó! ¡Lo menos se creía ese que soy yo una gruya que acaba de yegá der pueblo! Que si la tarifa, que si er domingo, que si la hora... Pero anda, que me he descarao. Lo he puesto en vergüensa delante e la gente. Hasta er cabayo ha vuerto la cara pa oírme.

Herrerita. Pos yo, señora, con permiso de usté...

Juana. Vaya usté con Dios. Y a vé si le da usté mi encargo ar vesino.

Herrerita. ¡Ya lo creo! ¡Si yo tampoco tengo trato con él Sino que me han mandao de mi imprenta.

Juana. ¿Es usté cajista?

Herrerita. Cajista.

Juana. ¡Uh! ¡Qué ofisio más susio y más arrastrao! Y usté disimule.

HERRERITA.   Uno se lava luego. Pos en *Er Liberá*, señora, me tiene usté a su disposisión.

JUANA.   ¿En *Er Liberá*? ¿Trabaja usté en *Er Liberá*?

HERRERITA.   Desde hase cuatro años.

JUANA.   ¡Ya podía *Er Liberá* meterse con el Ayuntamiento y desirle cómo está esta cayel ¡Que es una vergüensa! ¡No yueve, y se ahoga usté de porvo; yueve, y es un fangál ¡Si va a seguí así, que nos dé permiso el arcarde.pa sembrá papas en la asera!

NIÑA.   Pero, mamá...

JUANA.   ¡Pero, hija! ¡Tú, como no sales de casa nunca, y la casa está que se puén comé migas en er suelo...! *A Herrerita.* Porque estas pisás son de usté.

HERRERITA.   *Alzando un pie maquinalmente.* Sí, sí, señora, mías; usté perdone.

JUANA.   Se ha podío usté limpiá en er ferpudo de la puerta.

HERRERITA.   Entré sin sabé dónde entraba, señora... Y tocante a eso de la caye, ya le diré yo ar dirertó que le dé ar teniente arcarde un puntasito en er periódico...

JUANA.   ¡Buena prenda está er teniente arcardel ¡To lo que le farta de arcarde le sobra de teniente, porque no se entera de na de lo que se le dise! ¡En la taberniya de la esquina se pasa las tardes bebiendo chatos y hablando de toros!

HERRERITA.   ¡Je! En fin, no quiero entretenerlas más tiempo... Que ustedes sigan buenas.

JUANA.   Condiós.

NIÑA.   Vaya usté con Dios.

Se va Herrerita por la puerta del foro.

JUANA.   ¿A qué huele ese hombre? A aseite de las máquinas debe de sé. ¡Uh! Voy a mi cuarto por er portamonedas, y nos vamos a escape a la fotografía, que está corriendo er gas.

Éntrase por la puerta de la izquierda.

NIÑA. ¡Jesús con mi madre! ¡Qué genio! Ha espantao ar muchacho.

Vuelve Herrerita, sorprendiendola.

HERRERITA. *En voz baja.* Dos palabras entre usté y yo.

NIÑA. ¡Ah!

HERRERITA. América, presiosa; «non plus urtra»; pa perdé er juisio; yo soy Colón y Hernán Cortés en una piesa; ¡pero Atahuarpa me va a hasé sudá sangre!

NIÑA. ¿Y qué jeroglífico es ese? A mí háblemé usté claro.

HERRERITA. ¿Claro? ¿Cuántos retratos se va usté a encargá?

NIÑA. Seis.

HERRERITA. Pos encárguese usté uno más, por mi cuenta.

NIÑA. ¡Al istante! Eso hay que mereserlo, hijo.

HERRERITA. ¿Sí, verdá? Haremos méritos entonses. Dios la bendiga a usté.

NIÑA. Y a usté lo guíe la Madalena.

HERRERITA. ¡Poco me alegro yo de yamarme Cristobal *Vase satisfecho.*

NIÑA. Tiene simpatía.

Al público.

En mi casa me descubre
por un milagro de Dios...
¿Será fiesta pa los dos
esta mañana de Ortubre?

FIN

OBRAS DE LOS MISMOS AUTORES

JUGUETES CÓMICOS

(PRIMEROS ENSAYOS)

Esgrima y amor.—Belén, 12, principal.—Gilito.—La media naranja.—El tío de la flauta.—Las casas de cartón.

COMEDIAS Y DRAMAS

EN UN ACTO

La reja.—La pena.—La azotea.—Fortunato.—Sin palabras.—Pedro López.

EN DOS ACTOS

La vida íntima.—El patio.—El nido.—Pepita Reyes.—El amor que pasa.—El niño prodigio.—La vida que vuelve.—La escondida senda.—Doña Clarines.—La rima eterna.—Puebla de las Mujeres.—La consulesa.—Dios dirá.—El ilustre huésped.—Así se escribe la historia.

EN TRES O MÁS ACTOS

Los Galeotes.—Las flores.—La dicha ajena.—La zagala.—La casa de García.—La musa loca.—El genio alegre.—Las de Caín.—Amores y amoríos.—El centenario.—La flor de la vida.—Malvaloca.—Mundo, mundillo...—Nena Teruel.—Los Leales.—El duque de Él.—Cabrita que tira al monte...—Marianela.—Pipiola.—Don Juan, buena persona.—La calumniada.

SAINETES Y PASILLOS

La buena sombra.—Los borrachos.—El traje de luces.—El motete.—El género ínfimo.—Los meritorios.—La reina mora.—Zaragatas.—El mal de amores.—Fea y con gracia.—La mala sombra.—El patinillo.—Isidrín o Las cuarenta y nueve provincias.—Los marchosos.

ENTREMESES Y PASOS DE COMEDIA

El ojito derecho.—El chiquillo.—Los piropos.—El flechazo.—La zahorí.—El nuevo servidor.—Mañana de sol.—La pitanza.—Los chorros del oro.—Morritos.—Amor a oscuras.—Nanita,

nana...—La zancadilla.—La bella Lucerito.—A la luz de la luna.—
El agua milagrosa.—Las buñoleras.—Sangre gorda.—Herida de
muerte.—El último capítulo.—Solico en el mundo.—Rosa y Ro-
sita.—Sábado sin sol.—Hablando se entiende la gente. —¿A
quién me recuerda usted?—El cerrojazo.—Los ojos de luto.—
Lo que tú quieras.—Lectura y escritura.—La cuerda sensible.—
Secretico de confesión.—La Niña de Juana o El descubrimiento
de América.

ZARZUELAS
EN UN ACTO

El peregrino.—El estreno.—Abanicos y panderetas o ¡A Sevilla en el botijo!—El amor en solfa.—La patria chica.—La muela
del rey Farfán.—El amor bandolero.—Diana cazadora o Pena de
muerte al Amor.—La casa de enfrente.

EN DOS O MÁS ACTOS

Anita la Risueña.—Las mil maravillas.

MONÓLOGOS

Palomilla.—El hombre que hace reír.—Chiquita y bonita.—
Polvorilla el Corneta. — La historia de Sevilla. — Pesado y
medido.

VARIAS

El amor en el teatro.—La contrata.—La aventura de los galeotes.—Cuatro palabras.—Carta a Juan Soldado.—Las hazañas
de Juanillo el de Molares.—Becqueriana.—Rinconete y Cor-
tadillo.

———

Pompas y honores, *capricho literario en verso. Fernando Fé,
Madrid.*

Fiestas de amor y poesía, *colección de trabajos escritos ex profe-
so para tales fiestas. Manuel Marín. Barcelona.*

La madrecita, *novela corta.*

La mujer española, *una conferencia y dos cartas. Biblioteca His-
pania, Madrid.*

———

EDICIÓN ESCOLAR:

Doña Clarines y Mañana de sol, *Edited with introduction, no-
tes and vocabulary by S. Griswold Morley, Ph. D. Assistant Pro-
fessor of Spanish, University of California. — Heath's Modern
Language Series.—Boston, New York, Chicago.*

TRADUCCIONES

AL ITALIANO:

I Galeoti.—Il patio.—I fiori *(Las flores).*—La pena.—L'amore che passa.—La Zanze *(La Zagala)*, por GIUSEPPE PAOLO PAC-CHIEROTTI.

Anima allegra *(El genio alegre)*, por JUAN FABRÉ Y OLIVER y LUIGI MOTTA.

Le fatiche di Ercole *(Las de Caín)*, por JUAN FABRÉ Y OLIVER.

I fastidi della celebrità *(La vida íntima)*, por GIULIO DE MEDICI.

La casa di García.—Al chiaro di luna.—Amore al buio *(Amor a oscuras)*, por LUIGI MOTTA.

Il centenario, por FRANCO LIBERATI.

Donna Clarines, por GIULIO DE FRENZI.

Ragnatelle d'amore *(Puebla de las Mujeres)*, por ENRICO TE-DESCHI.

Mattina di sole.—L'ultimo capitolo.—Il fiore della vita.—Mal-valoca.—Jettatura *(La mala sombra).*—Anima malata *(Herida de muerte).*—Chi mi ricorda lei? *(¿A quién me recuerda usted?)*—Così si scrive la storia, por GILBERTO BECCARI y LUIGI MOTTA.

AL VENECIANO:

Siora Chiareta *(Doña Clarines)*, por GINO CUCCHETTI.

El paese de le done *(Puebla de las Mujeres)*, por CARLO MON-TICELLI.

AL ALEMÁN:

Ein Sommeridyll in Sevilla *(El patio).*—Die Blumen *(Las flo-res).*—Die Liebe geht vorüber *(El amor que pasa).*—Lebenslust *(El genio alegre)*, por el Dr. MAX BRAUSEWETTER.

Das fremde Glück *(La dicha ajena)*, por J. GUSTAVO ROHDE.

Ein sonniger Morgen *(Mañana de sol)*, por MARY V. HAKEN.

AL FRANCÉS:

Matinée de soleil (*Mañana de sol*), por V. BORZIA.
La fleur de la vie (*La flor de la vida*), por GEORGES LAFOND y ALBERT BOUCHERON.

AL HOLANDÉS:

De bloem van het leven (*La flor de la vida*), por N. SMIDT-REINEKE.

AL PORTUGUÉS:

O genio alegre.—Mexericos (*Puebla de las Mujeres*), por JOAO SOLER.
Marianela.—Assim se escreve a historia.—Segredo de confissão, por ALICE PESTANA (Caïel).

AL INGLÉS:

A morning of sunshine (*Mañana de sol*), por MRS. LUCRETIA XAVIER FLOYD.
Malvaloca, por JACOB S. FASSETT, JR.
By their words ye shall know them (*Hablando se entiende la gente*), por JOHN GARRETT UNDERHILL.

LIBRERÍA «FERNANDO FÉ»

PUERTA DEL SOL, 15

SOCIEDAD DE AUTORES ESPAÑOLES

PRADO, 24

UNA PESETA

1. La Musa Loca
2. Nanita, Nana...
3. Nenatervel
4. El Nido
5. La Nina de Juana
6. El Niño Prodigio
6. Novelera,
7. Los Ojos de Luto
8. Los Pápiros
9. Pasionera
10. El Patinillo
11. El Patio ,
12. Pedro López

Lightning Source UK Ltd.
Milton Keynes UK
UKHW010606120219

337137UK00007B/1567/P

9 780666 277480